大雁塔与小雁塔

◎ 主编 金开诚

◎ 编著 王 柬

吉林出版集团
吉林文史出版社

图书在版编目（CIP）数据

大雁塔与小雁塔 / 王柬，于丹著. —— 长春 ：吉林
文史出版社，2011.9（2023.4重印）
（中国文化知识读本）
ISBN 978-7-5472-0836-6

I. ①大… II. ①王… ②于… III. ①佛塔：古塔—
介绍—西安市 IV. ①K928.75

中国版本图书馆CIP数据核字(2011)第201887号

大雁塔与小雁塔

DAYANTA YU XIAOYANTA

主编/ 金开诚　编著/王柬　于丹

项目负责/崔博华　责任编辑/崔博华　梁丹丹

责任校对/梁丹丹　装帧设计/李岩冰　刘冬梅

出版发行/吉林出版集团有限责任公司　吉林文史出版社

地址/长春市福祉大路5788号　邮编/130000

印刷/天津市天玺印务有限公司

版次/2011年9月第1版　印次/2023年4月第3次印刷

开本/660mm×915mm　1/16

印张/9　字数/30千

书号/ISBN 978-7-5472-0836-6

定价/34.80元

前　言

　　文化是一种社会现象，是人类物质文明和精神文明有机融合的产物；同时又是一种历史现象，是社会的历史沉积。当今世界，随着经济全球化进程的加快，人们也越来越重视本民族的文化。我们只有加强对本民族文化的继承和创新，才能更好地弘扬民族精神，增强民族凝聚力。历史经验告诉我们，任何一个民族要想屹立于世界民族之林，必须具有自尊、自信、自强的民族意识。文化是维系一个民族生存和发展的强大动力。一个民族的存在依赖文化，文化的解体就是一个民族的消亡。

　　随着我国综合国力的日益强大，广大民众对重塑民族自尊心和自豪感的愿望日益迫切。作为民族大家庭中的一员，将源远流长、博大精深的中国文化继承并传播给广大群众，特别是青年一代，是我们出版人义不容辞的责任。

　　本套丛书是由吉林文史出版社组织国内知名专家学者编写的一套旨在传播中华五千年优秀传统文化，提高全民文化修养的大型知识读本。该书在深入挖掘和整理中华优秀传统文化成果的同时，结合社会发展，注入了时代精神。书中优美生动的文字、简明通俗的语言、图文并茂的形式，把中国文化中的物态文化、制度文化、行为文化、精神文化等知识要点全面展示给读者。点点滴滴的文化知识仿佛颗颗繁星，组成了灿烂辉煌的中国文化的天穹。

　　希望本书能为弘扬中华五千年优秀传统文化、增强各民族团结、构建社会主义和谐社会尽一份绵薄之力，也坚信我们的中华民族一定能够早日实现伟大复兴！

目录

一、塔的传入与中国化

佛教相传于公元前6—公元前5世纪在古印度北部迦毗罗卫国(今尼泊尔南部)由净饭王太子乔达摩·悉达多(即释迦牟尼)创立。大约在东汉明帝永平十年(67年)传入中国内地，在十六国时期的前秦和后秦时代，长安(今西安)已经成为我国北方的佛教中心。隋、唐是中国佛教发展的鼎盛时期。长安作为隋、唐京城，在中国佛教发展史上，处于重要的地位。当时的长安,佛寺林立,以玄奘和义净为代表的名僧辈出,佛经翻译超越了前代,教理的研究各有主张,并且形成了陕西境内留存的佛教遗迹、文物碑石和经卷造像,十分丰富。大雁塔和小雁塔就是其中的典型代表。

大雁塔和小雁塔历经1300年的历史烟云,是唐代长安城(当时世界上规模最大的国际城市)遗留至今的标志性建筑之一,并且依然是现今古城西安的城市地标。它们是构成古都西安城市文脉的重要遗存,亦是城市格局变迁中重要的历史坐标,饱含着过去年月流传下来的信息,见证了丝绸之路上的文化传播与宗教传播。它们不仅是闻名遐迩的文化景观,吸引着无数中外游客,亦是一座历史文化的宝库,为后人留下无数珍贵的文物及传诵不衰的优美诗文;它们不仅是西安古文化遗产的一个重要组成部分,在中华民族的文化史上亦具有不可替代的重

要地位。

总之，走近大、小雁塔，我们如同历经了古都西安风风雨雨的千年岁月，如同探知了大唐盛世的繁华与交融，如同站在了丝绸之路的起点，看尽世间沉浮，瞭望美好未来！

（一）"印"塔东来

中国本无佛塔，正如本来并无佛教一样。大约在西汉末年，佛教由印度的小亚西亚地区经中国西域传入中土，作为佛教文化的载体之一的佛寺与佛塔随之也出

现于中华大地上。

佛教的传播有两种主要方式，一是利用佛经进行说教，二是用形象化的实物或图画进行宣传。塔就是最突出的形象之一。梵文称塔为Stupa，汉文佛经译为"窣堵波""浮图"等。印度窣堵波原意是坟墓，早在释迦牟尼以前就已存在。释迦牟尼圆寂后，弟子们火化遗体，遗骨在火光之中凝结成了五彩斑斓、击之不碎的结晶物，名为舍利。诸弟子将舍利分散埋葬，在地面筑成一个窣堵波，从此窣堵波就具有了宗教纪念意义。窣堵波是一座半球状的坟堆，上面以方箱形的祭坛和层层伞盖组成坟顶。我国没有塔，也没有"塔"字，直到隋唐时翻译家才创造出了"塔"字，为"累积"之意，作为统一的译名沿用至今。

如同印度佛教传入我国后，与中华民族传统文化相结合而发展，形成了具有中国特点的中国佛教一样，印度佛塔这种建筑形态和宗教符号传入中原大地后，它原始的样式并没有在中国流行，塔的主体亦发生了很大变化，由原来的实心坟墓变为空心楼阁。建筑结构的巨大变化，实际蕴涵着文化内涵的微妙差别。坟墓是用来埋葬死者的，而楼阁则是居住或观光之所，二者对比，表明印度佛教这种印度的文化载体之一，在进入中国之后就被中国的入世文化所改造。

我国汉代罢黜百家，独尊儒术。儒学讲究社会伦理的尊卑有序，祠祀是礼制规范中的重要一环，有着儒家严肃的理性精神。所以，当塔传入时，人们很自然地把它和祭祠的场所——祠庙一体看待了。当时人们把佛寺称作"浮屠祠"，《魏书·释老志》上说："塔，犹言宗庙也，故世称塔庙。"

东汉后期，中国的木结构建筑体系已经形成，积累了丰富的技术和艺术经验，建造过迎候仙人的重楼，当时人们又常以神仙的概念来理解佛。所以，佛塔很早就开始了以传统重楼为基础的中国化过程。汉明帝时修建的第一个佛塔——洛阳白马寺浮屠，就采取了这种方式。

据史料记载，东汉永平十年(67年)，往西域求法的蔡愔、秦景等人偕天竺大月氏国迦叶摩腾、竺法兰二僧来华，用白马驮带经卷回归洛阳。汉明帝命人在洛阳西雍门外建白马寺，是为中华佛寺之首。佛塔也同时建成，据称白马寺塔是"犹依天竺旧状而重构之"(《魏书·释老志》)，已经显露了中印建筑融合的迹象；浮屠祠的塔是"上累金盘，下为重楼"(《后汉书·陶谦传》)，中国的重楼成了塔的主体。所谓"重楼"，就是多层木结构的高楼，这也成为后来楼阁式塔的雏形。

（二）佛塔的基本结构

佛塔构造主要分为基座、塔身、塔刹三部分。

基座是塔的下部基础，不仅保证上层建筑物坚固稳定，而且也收到艺术上庄严雄伟的效果。常见的基座为须弥座，以示佛塔的崇高伟大，寓意神圣。在基座之下，有不少佛塔都建有地宫。地宫是我国佛塔特有的结构，与古代帝王陵寝的地下宫殿相似。地宫是用砖石砌成的不

同形状的地穴，大都建在地面之下，主要用来埋葬佛舍利，还常埋有佛经、珍宝及其他器物。

塔身是佛塔的主体结构，塔的各种类型就是按塔身来划分的。塔身内部还分中空和实心两种，中空的一般能登临远眺。塔身的层数绝大多数都是阳性数目的一、三、五、七、九、十一、十三等，而以二、四、六、八等偶数为层数的极其少见。塔身一般为白色或绿色，形状多为瓶状或半圆的覆钵状。塔身上常饰以佛盒、佛像以及门窗、柱子、斗拱等雕塑和装饰，造型优美，形象逼真。

塔刹俗称塔顶，就是安设在塔身上的顶子。我国的古塔很多，各座古塔塔刹的形状和建筑材料都不相同。但是，不管是用什么材料建造的塔刹，也不论其形式如何，它们都是古塔重要的、位置最高的组成部分。在古印度，塔刹只是作为"窣堵波"的表象而存在，结构简单，装饰也不复杂。但到了中国，就和我国原有的楼阁式建筑结合在一起，塔刹的建造得到了很大的发展，其结构、形式也变得更为复杂、精细、美观了。从建筑结构上看，塔刹是作为收结顶盖用的。既要固定椽子、望板、瓦陇等部分，又要防止雨水下漏，塔刹发挥了重大作用。

从建筑艺术上看，塔刹往往玲珑奇巧直插云霄，给人以超脱、崇高的审美快感。"刹"是梵文的音译，它含有土田、国土、佛国的意思。因此，人们把塔刹的"刹"也作为佛寺的别称，寺也被称为刹，古寺也就被称为古刹了。就塔刹的结构而言，它本身就是一座完整的古塔。

塔刹由刹座、刹身、刹顶等部分组成。刹座一般由基座和仰覆莲组成，刹身则由刹杆、相轮和伞盖等组成，刹座的上面竖立着刹杆，而刹杆之上又套贯着相轮。相轮的形象很像上下相叠的圆环，它是表现佛塔崇高、受人景仰的标志，中国古代传统的俗名又叫做"金盘"和"承露盘"。相轮的层数是多少不等的，少的三五个，多的可达数十个，都是奇数的。有的塔还用相轮的多少来表示该塔的等级与高低大小，而一般来讲，大塔的相轮多而大，小塔的相轮少而小；在相轮的上面，仍然是穿套在刹杆之上安置圆光、仰月、宝珠等，共同组成了刹顶部分。

（三）佛塔的中国化改造

任何形式的文化艺术都没有固定模式，作为佛教信仰的重要标志之一的佛塔也是这样的。当建造佛塔的思想从印度传播向四面八方之后，各地区的佛教信徒们在接受印度佛塔建筑样式的同时，也在不断地结合着本民族的固有文化，创造出自己所喜爱的佛塔样式。于是在佛教发展的历史长河中，各种各样的佛塔不断涌现，成为了古代信仰佛教的各民族建筑艺术中的一朵奇葩。中国的古塔也是多种多样的，从它们的外表造型和结构形式上来看，大体可以分为以下几种类型：

1. 楼阁式塔：在中国古塔中的历史最悠久、体形最高大、保存数量最多，是汉民族所特有的佛塔建筑样式。楼阁式塔的建筑形式来源于中国传统建筑中的楼阁。佛教传入中国后，为了适应中国的传统习惯，利用人们对多层楼阁通天的寄托，以楼阁形式作为礼佛的纪念性建筑物。这种塔的每层间距相近且比较大，一般每层都设有券门（拱门）或假门，一眼望去就像一座高层的楼阁。塔身内部一般是空心的，设有砖石或木制的楼梯，可供攀登。很多砖木结构的楼阁式塔在每一层塔身外部都设有环形走廊平台及栏杆，可供人们登临远眺。另外有的楼阁式塔在第一层有外廊（也叫"副阶"），外廊加强了塔的稳定性，也使其更为壮观，并且能有效地防止地基被雨水冲刷，延长了塔的寿命。楼阁式塔是我国现存数量最多的古塔，大雁塔就是其中最著名的一座。

2.亭阁式塔：在楼阁式塔出现以后衍生的一种塔形，是印度的覆钵式塔与中国古代传统的亭阁建筑相结合的一种古塔形式。塔身的外表就像一座亭子，一般都是单层塔，有的在顶上还加建一个小阁。在塔身的内部一般设立佛龛，安置佛像。由于这种塔结构简单、费用不大、建造方便，因此多见于民间小型寺院，也被许多高僧所采用作为墓塔。

3.密檐式塔：从南北朝到宋金时期，密檐式塔在我国也曾经广为流行，它是由楼阁式的木塔向砖石结构发展时演变而来的，多为砖石结构。这种塔的第一层（底层）很高大，设有门窗，有的雕刻佛像或佛经故事，富丽的仿木构建筑装饰大部分集中在塔身的第一层；而第一层以上各层之间的距离则大幅度缩短，各层的塔檐紧密重叠着，檐与檐之间不设门窗，因而叫做"密檐"，塔身越往上收缩越急，形成极富弹性的外轮廓曲线。塔身内部多为实心，也有空心的，但大多不能攀登，即使在塔内设有楼梯可以攀登，而内部实际的楼层数也要远远少于外表所表现出的塔檐层数。现存密檐式塔的数量仅次于楼阁式塔，且二者数量总和占我国现存古塔的绝大多数。与大雁塔交相辉映的小雁塔是密檐式塔的典型代表。

4.花塔：花塔有单层的，也有多层的。它的主要特征，是在塔身的上半部装饰繁复的花饰，看上去就好像一个巨大的花束，可能是从装饰亭阁式塔的顶部和楼阁式、密檐式塔的塔身发展而来的，用来表现佛教中的莲花藏世界。它的数量虽然不多，造型却独具一格。

5.覆钵式塔：是印度古老的传统佛塔形制，在中国很早就开始建造了，主要流行于元代以后。它的塔身部分是一个平面圆形的覆钵体，上面安置着高大的塔刹，下面有须弥座承托着。这种塔由于被西藏的藏传佛教使用较多，所以又被人们称作"喇嘛塔"。又因为它的形状很像一个瓶子，还被人们俗称为"宝瓶式塔"。

6.金刚宝座式塔：这种名称是针对它的自身组合情况而言的，而具体形制则是多样的。它的基本特征是：下面有一个高大的基座，座上建有五塔，位于中间的一

塔比较高大，而位于四角的四塔相对比较
矮小。基座上五塔的形制并没有一定的
规定，有的是密檐式的，有的则是覆钵式
的。这种塔是供奉佛教中密教金刚界五
部主佛舍利的宝塔，在中国流行于明朝以
后。

7.过街塔和塔门：过街塔是修建在
街道中或大路上的塔，下有门洞可以使车
马行人通过；塔门就是把塔的下部修成
门洞的形式，一般只容行人经过，不行车
马。这两种塔都是在元朝开始出现的，所
以门洞上所建的塔一般都是覆钵式的，
有的是一塔式，有的则是三塔并列或五
塔并列式。门洞上的塔就是佛祖的象征，
那么凡是从塔下门洞经过的人，就算是
向佛进行了一次顶礼膜拜。这就是建造
过街塔和塔门的意义所在。

塔在流传过程中，其本身附着的宗
教意义逐渐淡化，其功能也逐渐变得世
俗化，譬如说为报父母恩情而修建的报

恩塔，只作风景点缀或供游人登高远眺的风水塔，借以瞭望敌情的料敌塔等等。

（四）中国式佛塔的建筑材料

中国古塔所使用的建筑材料大体可以分为木、砖石、金属、琉璃等几种。

木塔主要流行在东汉、魏晋与南北朝时期，是用汉民族传统的木结构方法建造成的。在建筑技术上仍保留仿传统楼阁的手法，工艺单调，造型质朴，几乎所有的塔都保留着宗教意义。由于木塔极易损毁，所以这些塔都已不存在了。大雁塔的前身即为木结构。

自唐代以后，出现了仿木结构的塔，

建塔的材料不再是木材或不全是木材，取而代之以砖石。用垒砌、发券、叠涩等方法建造而成的，中国现存的大部分古塔都是属于这种建筑类型。大雁塔和小雁塔也不例外。它们的主要建筑材料都是砖石，再加上它们都有巨大的船型塔基，呈不倒翁的形式，所以历经了一千三百多年，遭遇了西安地区大小七十余次地震，多少庙宇、楼台覆灭，而它们却安然无恙。

宋代以后，人们有时候喜欢用雕模制范的方法来铸造金属塔。匠师们大胆地使用了坚固而又昂贵的金属铁作为铸塔材料。浙江义乌的铁塔就是北宋的早期作品。到了北宋中晚期，用铁铸塔已蔚然成风，在铸制技术上也有很高的成就。由于金属的优越性，较砖石仿木结构更为逼真，只要把模子雕刻出来，任何复杂的结构和纹饰都可以表现出来。主要代表作有湖北

当阳玉泉寺铁塔、江苏镇江甘露寺铁塔、山东济宁铁塔等。

除了铁塔以外,宋代还出现了琉璃塔。但是,由于当时琉璃生产量很小,琉璃塔并不多见。明代以后琉璃大量生产,琉璃宝塔的数量大大增加。露天的琉璃塔,现存不下百处。如山西洪洞广胜寺飞虹塔、北京香山琉璃塔、承德须弥福寿寺琉璃塔等。

此后,还出现了铜塔以及更加昂贵的金银塔和其他材料的塔,不过由于材料昂贵,塔的规模都很小。

随着时间的推移,塔的体量形制,平面、立体布置,整体造型以及方向经略、环境定位等方面,与其母体已经大相径庭。儒道精神的浸染,特定时代社会和心理内容的熔铸,中华民族大文化氛围的熏陶,中国古典建筑美学思想、哲学理论和伦理精神的滋养,使中国佛塔建筑超越其母体,显现出地道的中国作风。

二、大雁塔与小雁塔的历史渊源

大、小雁塔这对姊妹花，历经千年风霜，今天已经成为西安的标志性建筑。从它们诞生之日起，似乎就有着千丝万缕的联系。

(一)"雁塔"名字的由来

我国建造佛塔初期都是塔随寺名。至今很多塔仍以寺名相称。如河南登封

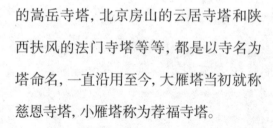

的嵩岳寺塔，北京房山的云居寺塔和陕西扶风的法门寺塔等等，都是以寺名为塔命名，一直沿用至今，大雁塔当初就称慈恩寺塔，小雁塔称为荐福寺塔。

随着时间的推移，塔的取名与称呼有了新的变化，增加了特定的含义。主要是向两方面转化，一是为识别、记忆与称呼上的方便，塔名逐渐世俗化、简便化；二是为宣传佛教教义，采经用典，以作塔名。

佛教对雁十分尊崇，经书中关于雁的记载很多。僧人在讲堂列队，称雁行；恭敬肃立，叫雁立。称佛堂为雁堂或雁宇。《报恩经四》中，有五百雁为五百罗汉的故事；《譬喻经六》和《经律异相四十八》记有"雁不食出笼"的故事；《贤愚经十三》和《经律异相》中有"五百雁闻佛法升天品"一节。《法句譬喻经》第二十五有雁王的故事。"雁塔"即来源于一则著名的佛经故事。

在因陀罗势罗窭诃山（音译帝释山）东峰的一个寺院前有座塔，名为雁塔。以往这座寺院信奉小乘（佛教教派），小乘是原始的教派，所以开三净食（即吃三种肉），一直没有改变。一天，有位和尚在院里行走，忽然看到一群大雁飞经这里，就开玩笑地说："今天众位和尚没肉吃了，菩萨应该知道我们肚子饿呀！"话音未落，只见领头的大雁从雁群中飞出，一头坠死在这位和尚面前。面对此情此景，和尚万分悲戚，赶忙遍告寺内众僧，闻者都说："这是如来佛在想方设法、相机诱导教化我们。这只雁警诫教导的恩德，应该永远记取，传之千古。"于是葬雁建塔。这就是这座塔取名雁塔的故事。玄奘在《大唐西域记》里叙述这个故事时，字里行间褒贬十分明确：褒大乘，"大乘者正理也"；贬小乘，"小乘渐教也"。玄奘自印度归国后，在慈恩寺建塔，

取名自然也是循经依典，为宣扬大乘佛教而呼为雁塔。

但是，在佛教教义里，雁塔是对佛塔的一种泛称，实例和诗章都屡见不鲜。在山西的大同市有座塔，称作雁塔。唐代诗人沈佺期，在《游少林寺》诗中写道："雁塔风霜古，龙池岁月深。"这里的雁塔，显然是对少林寺佛塔的泛称，这是将佛塔称作雁塔的最早作品。还有唐代著名诗人李商隐在诗中写道："大海龙宫无限地，诸天雁塔几多层。"这也是称佛塔为雁塔的例证。

从史籍的记载和文人的诗作来看，"雁塔"最初也不是大雁塔与小雁塔的专称，以大雁塔为例，"慈恩寺塔""兹恩塔"与"兹恩寺浮屠"是使用最多，也最为正式和规范的专有名称。其他称谓还有"宝塔""香塔""瑞塔""仙塔""华塔"等，即便在杨廉的《奉和九月九日登慈恩寺浮屠应制》诗中有"慈云浮雁塔，定水映龙宫",孙佺的《奉和九月九日登慈恩寺浮屠应制》诗中有"一忻陪雁塔,还似得天身","雁塔"也和"宝塔""华塔"一样是一种泛称,而非固定的称呼。

那么,"慈恩寺塔"又是怎样变为"雁塔",甚而"大雁塔"的呢?这要从唐代的雁塔题名活动说起。从唐中宗神龙年间开始,凡新科进士及第后,必到慈恩塔下举行轰动京城、吸引天下学子的题名活动(先题在塔内壁,内壁题满又题在塔旁小屋中),久而久之,成为定制,曰"雁塔题名"。于是,"雁塔"的知名度也就愈来愈高,也逐渐成为慈恩寺塔的固定称呼。另外,经过唐末毁佛、五代战乱的冲击,长安城内百余座佛塔已所剩无几,有幸保存下来的高大雄伟的慈恩寺塔,自然也就成为佛教代表性的建筑物,名之雁塔,也势在必然。

明清时期,西安又兴起了雁塔题名热,陕西会试中举者,仿照唐代进士雁塔

题名的做法，文进士题在大雁塔，武进士题在小雁塔，雁塔成为慈恩寺塔、荐福寺塔的专称，因为小雁塔较大雁塔形制小，建成年代略短，又冠以大小，形成延续至今的大雁塔、小雁塔的固定称呼。

（二）两座寺庙：慈恩寺与荐福寺

塔自传入中国以后，经汉、晋、南北朝，直至隋和唐初，基本上都是以塔为寺；或是以塔为中心，四周环绕附属建筑。从唐初开始，随着人们对佛教信仰程度的加深，逐渐把皇家的宫殿建筑搬到佛寺中，出现了塔、殿并存的寺院。殿堂中开始出现了佛事壁画和佛像，但是塔仍是整个寺院的中心建筑，是主要祭祀对象，殿堂只是寺院的附属建筑。到了唐代以后，塔的地位开始发生变化。作为念经拜佛的殿堂，开始升级，先是塔在殿前，而后是塔、殿并列，呈左右相对的形式。再往后就是塔建于殿旁、殿后，或另建塔院，殿堂渐渐地成了寺院的主要建筑，殿堂内的佛像成了人们主要的祭祀对象。

在唐代，整体的社会风气比较开放，长安又是丝绸之路的起点，是个开放型的国际大都市，因而与其他地方相比较，长安的佛寺更具有多重的社会功能和文化品格，而不仅仅是宗教活动场所。特别是像慈恩寺和荐福寺这样的皇家大寺，地域广，院落众多，建造规格高，寺院经济繁荣发达，它的服务对象自然而然面向整个社会。例如，在唐代作为著名的官寺，慈恩寺和荐福寺内首先要经常"为国祈福"，成为国家政治活动的一个职能场所，同时寺内还设置有翻经院，又具备了国家文化事业单位的性质；其次，外国的学者、僧人到访长安，也常常住在寺里，这里又变成了鸿胪寺宾客接待的处所和中外文化直接交流的地方；除此之外，对于广大民众来说，当时长安城的人都知道大慈恩寺和荐福寺还有两个特点：一个是牡丹花很有名，可考于诸多唐诗和唐人著作；另一个就是"戏场"也很热闹，根据钱易《南部新书》中的记载："长安戏场多集于慈恩，小者在青龙，其次荐福。"因此宗教活动、文化活动、娱乐活动和外事活动，两大寺庙都兼而有之。

对于各个阶层的人来说，来到寺庙，既可以求神拜佛，也可以开阔视野，亦可以消闲观赏。因此慈恩寺和荐福寺不仅是长安城内最宏伟壮丽的皇家寺院，也是当时最引人入胜的文化游乐场所。

大、小雁塔的起源便与慈恩寺和荐福寺密切相关。

慈恩寺位于西安市雁塔路南端。这里原是隋代的无漏寺，唐贞观二十二年(648年)，皇太子李治为追念母亲文德皇后的养育之恩，扩建了无漏寺，并改名为慈恩寺。这里地处长安城南风景秀丽的晋昌坊，南望南山，北对大明宫含元殿，东南与烟水明媚的曲江相望，西南和景色旖旎的杏园毗邻，清澈的黄渠从寺前潺潺流过。正合太子"挟带林泉，务尽形胜"之意。大慈恩寺建筑规模宏大，占据晋昌坊半坊之地，面积近四百亩，有十多个院落，各式房舍1897间，都是用枌榈、橡樟等木料修建而成，上边装饰着珠玉金翠和五颜六色的彩绘。寺内殿宇厅廊的墙壁上，多有吴道子、阎立本、王维、尉迟乙僧等名家的壁画。环境优美、花木

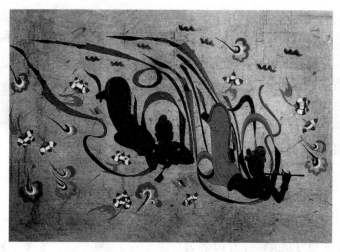

繁茂,游人络绎不绝。

慈恩寺在佛教历史上的地位尊崇,寺院落成后,西行求法归来的玄奘法师任大慈恩寺首任主持,玄奘法师在此翻译佛经、弘法育人十一年,其大弟子窥基在此创立了佛教的一大宗派——法相唯识宗。使大慈恩寺成为唯识宗(又称"法相宗")祖庭。

比起大名鼎鼎的慈恩寺,荐福寺的星光就黯淡了不少,这似乎也注定了后世大、小雁塔在世人心中的不同地位。

荐福寺创建于唐文明元年(684年),位于朱雀大街东侧的开化坊内(今朱雀大街以东的友谊西路北侧一带),与皇城仅两坊之隔。仪凤年间,这里曾经是英王李显的王宅。后唐高宗死，太子李显即位，是为中宗。后来，武则天废中宗为庐陵王，"幽于别所"，其旧宅也被用来修建了荐福寺。

荐福寺初名献福寺，是唐高宗逝后百日，宗室皇族为他"献福"而建立的寺院。武则天天授元年（690年）改称荐福寺，并由武则天御书荐福寺匾额。中宗复帝位后，重建荐福寺，扩大建筑规模，广植花草树木，使其"崇侈益甚"。

唐中宗以后，直到文宗时代结束，荐福寺在各位皇帝弘扬佛教的旗帜荫护下，仍然规模宏大，保持了平稳发展的态势。到了唐武宗会昌年间灭佛之时，荐福寺虽然幸免于难，但仍被敕令只能留僧人二十人维持香火，这便成为唐代荐福寺走向衰败的开端。

明宣德年间，藏族僧人勺思吉上表明英宗："见得本寺系古刹丛林，建立年远，殿堂废弛。逆思是古迹，于宣德七年发心，舍己衣钵及化缘修盖。"历时十七年(1432—1449年)，重修荐福寺。在荐福寺修复工程完工以后，向明英宗写了一份修复经过的奏章，并请求皇帝钦题寺名。如今，在小雁塔慈氏阁重檐之间，仍然悬挂木匾额一块，长2.85米，宽0.6米，厚0.03米，云纹花边，正中书"敕赐荐福寺"，这就是当年勺思吉所乞之寺名，应为英宗皇帝亲笔。

在上奏章的同时，勺思吉还将荐福寺修复后的图样，随本进呈。后来又将图样刻在圣旨碑的南面上，这在当时也许是一种惯例，却因此而保存了关于小雁塔的珍贵文物资料。现在我们要了解小雁塔的原貌，了解它的塔顶原来的形状，除了个别的文字记载以外，这幅图样就是最完整、最准确的参考资料。

（三）两位高僧：玄奘与义净

评人判事非常严格的鲁迅先生把"舍身求法"者尊为"中国的脊梁"，这其中的代表人物就是玄奘与义净。大雁塔所在的大慈恩寺和小雁塔所在的荐福寺，正是这两位高僧长期工作过的地方。两位高僧从印度回国后住过很多地方，但在这两座寺居住时间最长、工作成就最突出。大慈恩寺与荐福寺闻名遐迩，与这两位高僧有直接的关系。

玄奘（602—664年），俗姓陈，名祎，河南偃师人。13岁被朝廷破格录取，在洛

阳净土寺剃度为僧，不久便升座述经。贞观元年（627年）他结伴上表奏请朝廷，申请赴印取经。唐王因建国之初，社稷未稳，下诏不许。其他人纷纷退缩，而他不为所动，矢志不改，并且利用出国前三年时间，在佛经研究、语言及物质等方面做了充分准备。

玄奘于唐贞观三年（629年）从长安出发，游学西域。他单人独骑沿着"丝绸之路"，克服数不清的艰难险阻，经过整整三年的艰难跋涉、五万余里孤征，终于到达佛教圣地——天竺，如愿以偿地就学于著名的那烂陀寺，拜戒贤长老为师。后又用了五年时间在天竺佛国寻道，遍

游全印众国。当返回那烂陀寺时，已位居这座佛教最高学府的主讲，仅次于恩师戒贤。

在玄奘求法圆满欲回大唐之时，受邀参加了古印度规模空前、规格很高的佛教学术盛会。在会上，玄奘法师为论主，其辩才无碍、博学宏论折服了与会者，连续十八日无人能发论辩驳。大乘僧众称玄奘法师为"大乘天"，小乘僧众称他为"解脱天"（佛教之"天"，就是指菩萨众神）。

为回大唐译经弘法，玄奘说服劝阻自己回国的恩师、道友及各国国王，于唐贞观十九年（645年）携经卷657部、佛像

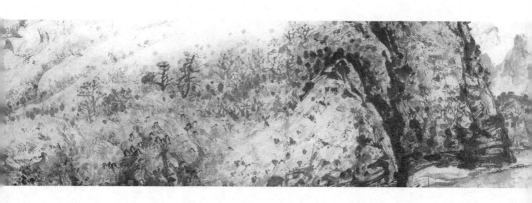

八尊和大量舍利，载誉回到长安。并于次年奉敕于长安弘福寺译经三年。唐贞观二十三年（649年）大慈恩寺落成，玄奘任该寺首任住持，专心致力于佛经翻译事业。在朝廷支持下，玄奘主持的译经院规模空前。这支译经队伍以玄奘为首，由右仆射房玄龄和太子左庶子许敬宗，奉敕具体组织、集中全国一流的佛教精英人才组成，要求高，分工严密。译经完成后，唐太宗李世民更是为玄奘的译作写了《大唐三藏圣教序》，太子李治亦写下《圣教序记》以录此盛事。

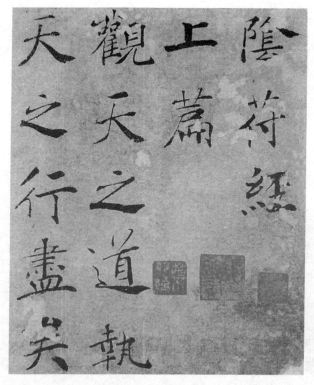

由于玄奘精通三藏，深得佛经奥旨，广博各宗各派，梵文外语功力

和学问根底深厚，所以在翻译过程中，既忠实原著和源流变化，又能深会其意，补充疏漏。在长达二十年的翻译过程中，两次谢绝唐太宗请他还俗任相、辅佐朝政的要求，排除万难和干扰，全身心投入翻译大业。每天都自立课程进度，且用朱笔细心标注翻译进展记号，其一人就译出经文1335卷。玄奘译经范围之广、组织之严密、方法之完备、译笔之精妙，堪称译经历史上的第一人。唐麟德元年(664年)，操劳一生的玄奘法师因病在玉华寺圆寂。其灵柩还京奉大慈恩寺并安葬于长安城东白鹿塬上。

唐永徽三年(652年)，为了保存历尽千辛万苦取回的佛经和舍利，玄奘上表建造大雁塔，并亲自参加建塔劳动，搬运砖石，历时两年建成。

如同慈恩寺与玄奘关系密切一样，荐福寺则使人想起唐代另一位高僧义净。

义净（635—713年）也曾游学印度多年，不过，他由海路自广州离开中国。义净只身搭乘波斯商船出国，先到印尼苏门答腊，后转抵印度，也在佛学中心那烂陀寺留学十一年，又游学印度各地，历经三十余国，于武则天证圣元年（695年）回到洛阳，带回梵文经典四百余部。武则天亲自率领朝廷百官到洛阳上东门外迎接义净，举行了盛大的仪典，仪典隆重的程度，比当年李世民、李治之对玄奘有过之而无不及。义净先在洛阳帮助实叉难陀翻译八十卷本的《华严经》，此后奉诏自立译场，辗转于洛阳大福先寺、大内、长安西明寺。唐中宗李显复周为唐，第二次登帝位，朝廷迁回长安。荐福寺本来是李显的旧宅，此时重新令工部大修，将国立译馆也设于寺内，以义净为译主。义净的这个荐福寺译场是唐代规格最高、规模最大的译场，超过了玄奘的大慈恩寺译场和之后不空的大兴善寺译场。译场直接由亲王监护，左丞相、右丞相监译，二十多位朝廷大臣润色，翻译人员由七个国家的高僧和学者组成。唐中宗李显效仿唐太宗，特别写了一篇《大唐龙兴三藏圣教序》，颁示天下。

在荐福寺主持佛经译场期间，义净法师共译经56部，230卷，是玄奘之后在佛经翻译上取得成就最大者。他还将途经海道诸国和所闻赴印度求法高僧的情况，撰成《南海寄归内法传》和《大唐西域求法高僧传》，是研究中印文化交流史的珍贵资料。义净在这里度过了他一生的最后时光。他逝世后，诏令在

延兴门外陈张村举行国葬仪典。

为了保存从印度带回的佛经，义净法师上表请求朝廷出资修建荐福寺塔。

两位高僧的经历及在当时社会的地位与影响几乎完全一样，都有为人所敬仰的高尚品德，都给后人留下了大量不朽的译作和著作。这样的情况在中国佛教的历史上并不多见。无怪乎宋代的赞宁在《高僧传》中奘、净并称，极为推崇。众所周知，中国的翻译事业是从佛经翻译开始的，最著名的翻译家有五位，即鸠摩罗什、真谛、玄奘、义净和不空。这其中只有玄奘和义净是中国人。这恐怕也是国人偏爱两位高僧的一个重要原因。当然，鲁迅之所以给"舍身求法"的人以"中国的脊梁"的巨大荣誉，着眼点大概是在中国佛教的特征上。中国古代佛教主要是大乘佛教，其根本的宗旨是"普度众生"。为了

"普度众生"的目的而"舍身求法"，这种精神对世界上哪一个民族来说都是值得尊敬并大力倡导的。

知道玄奘的人很多，知道义净的人却较少，这有以下几个方面的原因。玄奘与义净的专业不同。玄奘传法相唯识之学，师徒相承，形成了一个宗派绵延后世。义净传根本说一切有部律，后继者寥寥，中国以《四分律》的传承为主流。玄奘译经时间早，数量多，创立了许多新法，有划时代的意义，被后世称为"新译"。另外，也与小说《西游记》的广泛流传有关，使"唐僧取经"的故事妇孺皆知。

（四）宫人捐资

大雁塔建造晚于大慈恩寺14年。玄奘为了保存从印度取回的经像，向朝廷提出在大慈恩寺建一座石塔。至于建塔的经费从哪里来，目前还未发现玄奘提出申请的有关文件。朝廷的态度在《三藏法师传》里记得很清楚：第一，"宜用砖造"。第二，"不愿（法）师辛苦。今已敕大内东

宫、掖庭等七宫亡人衣物助（法）师，足
得成办"。可见玄奘的本意是自筹经费，
只需朝廷批准即可。那么大雁塔建造的
性质就清楚了，是"民建官助"。而这个
"官助"也仅仅是以"七宫亡人衣物"相
助，官府本身并不支出专门的经费。小雁
塔的修建晚于荐福寺两年，史籍中明确
记载："景龙中宫人率钱所立。"（《长安

志》卷七）"率"者，聚敛，网罗。"景龙"为唐中宗年号。显然，小雁塔也不是官修。从建造这两座塔的费用来看，大雁塔是用死去宫人的遗物所修，小雁塔则是活着的宫人集资兴建。

所谓的"七宫亡人"，指的是长安宫廷里那些已经去世的下等人，自然绝大部分是女性了。"宫人"，则指那些没有名分的宫女。唐朝虽称开明，但宫人的数量仍极多，常有数万。这些人是皇帝的奴婢，命运非常凄惨。如杜牧的《宫人冢》里

所描述的那样："尽是离宫院中女，苑墙城外冢累累。少年入内教歌舞，不识君王到老时。"于是，宗教信仰成为宫人的重要精神寄托。儒家的三纲五常里妇女的地位最低，道教的教祖李聃已被李唐王朝认作祖先，所以宫人改变命运——哪怕是"来世"命运的希望，就寄托于佛

教。在三教里面佛教也最讲"来世"。当时，长安佛教的势力也比较大，影响广泛，上至皇室贵族，下至黎民百姓，对佛教有浓厚的兴趣，有不少是虔诚的信徒，舍散家财，"广种福田"。因此，当我们今天面对这两座塔的时候，不应当忘记当初这塔是怎么修的，也不应当忘记这两座塔曾深深地寄托着古代女性对幸福生活的期盼。

三、千年大雁塔

唐长安城(外廓)中，从北至南，横亘着六道岭，时人谓之"六陂(坡)""六阜""六冈"。皇宫、官府和寺院等代表政权和神权的建筑物高踞其上，以示威严。慈恩寺占有第六道岭的西端。大雁塔建在岭脊上，居高临下，与建在第一道岭上的大明宫相对。二者之间由皇宫正门丹凤门外的丹凤门大街和东城区的中轴线东朱雀大街相连，二者相距7.5千米。两个高大辉煌的建筑群南北呼应，甚为壮观。

（一）大雁塔的修建

唐高宗永徽三年(652年)，玄奘法师历尽千辛万苦从印度带回的大量佛经和佛舍利，以"恐人代不常，经本散失，兼防火难"为由，拟于慈恩寺端门之阳，造石塔一座，妥善安置经像舍利，并于652年附图表上奏。

玄奘最初设计的方案是："于(寺内)端门之阳造石浮屠安置西域所将经像。其意恐人代不常，经本散失，兼防火难。浮屠量高三十丈。拟以显大国之崇基

为释迦之故迹。"玄奘之所以设计高达"三十丈"的巨型石塔，就是为了以佛祖释迦国度之"故迹"——有纪念意义的佛塔来显示"大国"——中国之"崇基"。可知，此石塔的形制(非指规模)完全是古印度式的，而且有所指。它与唐代以前已经中国化的佛塔大不相同。但是，因为玄奘遍历印度，所见佛塔众多，仅《大唐西域记》中亲笔记载的就以百计。其中有纪念意义、可作为印度"故迹"的也不少。再加上玄奘对所见之塔的记载又过于简略，均未描述其形制，所以"石浮屠"的具体样子已难说清。

高宗以"所营功大，恐难卒成"为由，不完全同意这一方案。唐高宗修改、批准并付诸建造的方案是："宜用砖造""改就西院"(当年慈恩寺共十多院，今大慈恩寺仅是最西边的一院)，塔基四面各一百四十尺，塔的表面砌砖，中心是土，共五层，高一百八十尺。玄奘将他从印度带回来的梵文经卷、佛像和一万余粒舍利收藏于塔中。

这座佛塔由于系砖表土心的缘故，质量不好，仅仅存在了四五十年，便逐渐坍塌，因而在长安年间(701—704年)，武则天又和当时的王公贵族施钱重修，全部改用砖石砌筑。

大雁塔现存七级，但是重修以后的层数和高度，即使在唐人的诗文记述中，也有七级和十级之别。唐玄宗天宝三年进士岑参在《与高适薛据登慈恩寺浮屠诗》中写道："四角碍白日，七层摩苍穹。"唐代宗大历六年进士章八元则在《题慈恩寺塔》中说："十层突兀在虚空，四十门开面面风。"意为大雁塔每层开四个门，当初高十层，所以有四十个门。据此，有人认为大雁塔重修后，应为十级，大概是朱温迁唐昭帝于洛阳时，大拆长安建筑，塔遭破坏，才成了现在的七级。

通过对现有史料的分析，"七级说"

似乎更能站得住脚，原因如下：

1.从建塔到唐王朝覆亡，大雁塔未有遭到兵火的记录，《旧唐书》《新唐书》和《资治通鉴》均无此记载，

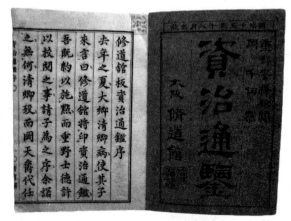

所以，"朱温破坏说"只能止于推测，而没有确凿的史料支撑。

2.佛教崇尚奇数，不尚偶数。作为佛教重要标志的佛塔的级数，特别是名塔的级数必然是奇数，中国现存佛塔中级数为偶数的极为罕见。此外，佛教中也很尊崇数字"七"。据说，释迦牟尼出走时，七步内脚踏莲花，而且于菩提树下静坐七七四十九天后终修得正果。佛塔都为七层，所以有救人一命胜造七级浮屠之说。佛教的"本原说"中，万事由地、水、火、风、空、识、根七种本原生成；佛寺由七种厅堂组成；人死后要祭奠

七七四十九天等等。此外，佛教中还有七如来、七菩提、七觉支、禅七、佛七等说法。

3.中国的神权依附皇权，营建几级佛塔，最终决定权在皇帝。武则天虽"革唐命"，建立过"大周"，推行过许多改革，但她曾落发感业寺，称帝后又与和尚关系极密，她不反对佛教，也未对佛教教义进行改革，因此，也没有道理将重修的大雁塔改为违背佛教精神的偶数层。

4.章八元的"十层突兀在虚空，四十门开面面风"是文学作品，不是史书，允许夸张。但将"七层"夸张为"十层"，以示其高显然没有多大意义。不管是在读音还是在字形"七"与"十"极相近，因此可能是后人将"七"误抄或误记录为"十"，每级四个门，四七正好二十八，这样就说得通了，它既实写了塔的级数和门数，又是古诗文常见的表现手法。就像古代常常形容年轻小姐青春年少，"二八年华"，即十六岁。这和上面的推测如出一辙。

（二）大雁塔的内部结构

大雁塔是我国仿木构楼阁式砖塔的佼佼者，更以"唐僧取经"故事驰名中外。大雁塔由塔座、塔身、塔刹组成，通高为64.7米，塔基现高4.2米，南北约48.7米，东西45.7米，塔体呈方锥形，底边长为25.5米，塔刹高4.87米，塔体总重量约为7万吨。塔体各层均以青砖模仿我国唐代建筑砌檐柱、斗拱、栏额、檀枋、檐椽、飞椽等仿木结构，磨砖对缝砌成。一层二层

多起方柱隔为九开间,三四层为七开间,五六七层为五开间。塔内装有楼梯,供游人登临,可俯视西安古城全貌,令人心旷神怡。

大雁塔每层四面均辟砖券拱门洞,特别是底层四面皆辟石门,门楣门框雕刻有唐代线刻画,四门楣分别以流畅生动的阴线雕刻有佛、菩萨、金刚力士像。构图中的佛像,为四方四佛像,即东方妙喜世界阿閦佛、南方欢喜世界宝相佛、西方极乐世界阿弥陀佛和北方莲花世界微妙声佛。特别珍贵的是西门楣上的阿弥陀佛说法殿堂图,所绘殿堂真实地体现了唐代建筑风格——厚重的螭吻、大方的斗拱、檐角铁马、殿内楹柱、台座踏步、两侧廊庑,无不刻画得细致入微,实是今天我们研究唐代建筑、佛教艺术和历史文化的珍贵资料。

现在大雁塔一层内设有古塔常识及中国名塔照片展,展示了佛塔的起源与发展，佛塔的结构和分类等背景知识。洞壁两侧镶嵌有多通明代题名碑，其中"名题雁塔，天地间第一流人第一等事也"，乃是当时"雁塔题名"之风光写照。此外，还有描写玄奘辉煌一生的《玄奘负笈像碑》和《玄奘译经图碑》。在塔内一层四大通天明柱之上，悬挂着长联，写着唐代的历史、人物、故事。

大雁塔二层的塔室内，供奉着一尊铜质金镏的佛祖释迦牟尼佛像，系明初宝贵文物，被视为"定塔之宝"。在两侧的塔壁上，还附有文殊、普贤菩萨壁画两幅及现代名人书法多幅。多是唐代诗人登临大雁塔有感而发的诗句，朗朗上口、意味悠长。

在三层塔室的正中，安置一木座。座上存有珍贵的佛舍利。舍利系印度加尔各答玄奘寺住持、印籍华人高僧释悟谦法师赠送，属一乘佛宝。玄奘法师当初为存放从西

域所取经像舍利而建造此塔，玄奘法师究竟从西域带回多少舍利，在《法师传》中记载仅说是150枚肉舍利和一函骨舍利，具体数量未说明。而在同书描写修塔一节时，说明"层层中心皆有舍利，或一千，二千，凡一万余粒"。后来武则天长安年间改建时，将塔中原有舍利如何处置，未有翔实的史料记载。玄奘法师历经千辛万苦所取佛之舍利是另行存放，还是散失就不得而知，最终成为千古之谜！为了弥补大雁塔舍利之谜的缺憾，让更多的人共同瞻仰佛宝舍利，便将佛宝陈列于大雁塔上。远在印度的释悟谦大师听闻此消息后也颇感欣慰。除此之外，塔室三层还存有大雁塔模型，严格按照1：60的比例，请名家制作，选材上乘，惟妙惟肖。

大雁塔五层上，陈列着一通释迦如来足迹碑，该碑是依据唐代玄奘法师晚年于铜川玉华寺请石匠李天诏所刻制的佛足造像复制而成。玄奘法师西行求法，在佛国印度巡礼时，分别在屈支国、乌仗那国和摩揭陀国等处，先后观礼过西域或印度几处佛足造像遗迹。在佛国印度，佛教徒对佛祖释迦牟尼非常敬仰，对佛教十分虔诚，进而对佛足迹甚为敬重，素有"见足如见佛，拜足如拜佛"之说法，一样地顶礼膜拜。佛足遗迹在古代印度有三处，随着佛教东传，在我国和日本、韩国都有多处佛足造像碑石，如山西五台山、陕西宜君玉华宫、耀县文化馆、西安卧龙寺都有遗存。玄奘法师所刻制的佛足印石的佛足图案，较国内其他几处的佛足印造型，更原始、更生动、更珍贵，佛足五趾微张，方颐圆满，具有典型的异国风格。在五层的塔室内，还收集展出有玄奘鲜为人知的数首诗词。可窥见玄奘很高的诗词艺术造诣。

六层悬挂有唐代五位诗人诗会佳作。诗圣杜甫与岑参、高适、薛据、储光

羲相约同登大雁塔,凭栏远眺触景生情,酒筹助兴赋诗述怀,个个才华横溢,诗句出神入化。每人赋五言长诗一首,流传千古不衰。

七层的塔顶,刻有圣洁的莲花藻井,中央为一硕大莲花,花瓣上共有14个字,连环为诗句,可有数种念法。壁上玄奘所著《大唐西域记》中,记载了他在印度所闻的僧人埋雁造塔传说,向游人解释了最可信的雁塔由来之说。

（三）一文四碑的文化传奇

除了塔内的丰富的文物遗产和人文景观,大雁塔还有两通碑石得以名世。

南侧门洞东西两外壁嵌置着唐太宗所
撰《大唐三藏圣教序》碑和唐高宗所撰
《大唐三藏圣教序记》碑，"二
圣"丰碑，均由当时的中书
令褚遂良所书。

据《法师传》载，"贞观
二十二年（648年）五月玄
奘译《瑜伽师地论》讫，
凡一百卷"。应玄奘要求
及司徒赵国公长孙无忌和中书令
褚遂良奏请，太宗李世民同意
为之作序，"神笔自写，少顷而成"，
敕贯众经之首。后"帝居庆福殿"，
百官侍卫，命法师坐，使弘文馆学士上官
仪"向群僚宣读"。碑文共781字。唐高宗
时为东宫太子，奉阅太宗序文，又制《述
圣记》。玄奘对二圣撰文深表感谢："可
谓重光合璧，振彩联华。"唐高宗永徽三
年（652年），玄奘奏请朝廷，欲建宝塔以
保存从印度带回的经像、舍利，该塔"南

面有两碑,载二圣三藏圣教序记,其书即尚书右仆射河南公褚遂良之笔也"。

两碑碑身两边线有明显收分,呈上窄下宽的梯形,碑座为有线刻图案的方形碑座。两碑通高337.5厘米,碑面上宽86厘米,下宽100厘米。两碑规格形制相同,碑头为圆首,"序"碑额为"大唐三藏圣教之序"八字隶书,"记"碑额为"大唐三藏圣教序记"八字篆书,分别与碑文同方向对称排列。碑两边为蔓草波形连续花边,上方佛龛镌刻有一铺七尊,即一坐佛二弟子二菩萨二力士像,其中佛身着袈裟,正身倚坐,各有圆形火焰纹头光身光;弟子肃立,菩萨身姿优美,扭曲而立

于莲座之上；金刚力士手执钢叉画戟，一手叉腰，身着铠甲战袍，脚踏夜叉恶鬼，虎视狰狞。他们各具身份，头光各异，其排列与莫高窟第45窟盛唐的一铺彩塑造像的安排完全一致，十分精妙。碑文下方又雕刻有衣带飘逸、舞姿飞动的舞乐天人。另外，两侧的行文，可能是为了对称而合为一体，采用了东侧碑文从右向左读，而西侧的碑文自左向右读，这种格式在唐碑中不多见，可以说是别具一格。两碑现保存完好，从建塔时即安置在塔壁龛内深达2.8米，避风遮雨，又有门栏防护，所以碑文字迹清晰如初。

这两通碑的书法艺术也是杰出的。褚

遂良不仅辉煌于太宗高宗两朝，而且流芳百世。他自幼博涉文史、书法，师承欧虞，法继二王，兼容魏碑汉隶，而且不断研习探索，善于创新，自成一体。他是一位德高望重，又受唐太宗敬重的宰相，他所书"二圣天文"，立碑于大雁古塔，其身份和权威性显而易见。就碑的书法艺术而言，到书写"序"碑时已达炉火纯青之高度。《唐人书评》称他的书法是"字里金生，行间玉润，法则温雅，美丽多方"。

这只是传奇的开始。

唐显庆二年（657年），在河南省偃师县玄奘的故乡，又立了一通《圣教序》碑，碑文由唐代名书法家王行满书写。因此碑立于招提寺，故又称招提寺《圣教序》。

唐龙朔三年（663年），在褚遂良曾经任职的同洲，再立《圣教序》碑一道，世称《同洲圣教序》，现存西安碑林。此碑书者，说法不一。有人说出自褚遂良之手，有人认为此碑立于褚遂良死后五年，故非褚遂良书写，而是根据《雁塔圣教序》重刻，其中有数字是摹刻者改写。各执一词，莫衷一是，但书法之笔力气势，则为人们所称道。

唐咸亨三年（672年），在玄奘曾经居住讲经的长安弘福寺，又立起第四通《圣教序》碑。通高350厘米，宽100厘米，碑面上方刻有七尊佛，俗称"七佛头圣教序"。碑上文字是弘福寺沙门怀仁耗用二十四年时间和重金，集"书圣"王羲之行书而成，因此，此碑又被称为"集王圣教序碑"，王氏书迹大都赖此以传，故为历代书家所重，也成为学习王羲之书法的津梁，有"为千古字学之祖"之说，在书法史上有着极其重要的意义。

一文四碑在我国碑刻史上，恐怕是绝无仅有的。而追根溯源，大雁塔无疑占据着至关重要的地位。

（四）千年修缮史

在后来的一千多年间，大雁塔又历经多次的维修。

宋神宗熙宁年间，游人在塔上宴饮，

以致失火，宋神宗元丰年间，大雁塔再一次失火。由于大雁塔高耸中空似烟囱的结构形式，塔内失火无法扑灭，所以只能任其燃烧。塔内木质结构化为灰烬，但对砖砌的塔身没造成什么大的伤害。

明嘉靖三十五年（1556年），陕西关中发生8.3级强烈地震，这次大地震波及九个省，据明实录载，死亡人数奏报有名者达八十二万余人。这次地震在西安亦造成巨大的破坏，也致使大雁塔塔刹断裂，所以今日所见之塔顶乃是那次地震后所重修的。

1604年，因塔体破损严重，全面加固包砌塔体，修葺塔刹，重新安装塔内楼梯，此年工程告竣，整修后大雁塔高64.7米，底边长25.5米，外观保持唐制。

1931年，维修大雁塔建筑。修整旋梯，补修脱落之砖檐。

1954年，整修塔内楼梯及墙面。

1955年，西安市政府拨款修葺了塔

基座及栏杆、塔檐，砖砌台阶，铺设地坪。

1956年，西安市人民政府为加强文保工作，设立了西安市大雁塔文物保管所。

1961年，大雁塔被国务院公布为第一批全国重点文物保护单位（总编号为第63号）。

1962年，大雁塔塔顶安装避雷设施。

1990年—1992年，经报请国家文物局同意，对大雁塔进行维修。对塔二檐进行加固，维修塔顶，更换底层部分坏砖。

1995年6月—1996年6月，完成避雷系统的改造工程。

2000年—2003年，对大雁塔顶及塔檐全面实施防渗加固工程。安装塔底层四周铁质仿唐式围栏，添建塔底围墙之"大雁塔"砖雕匾额。

（五）大雁"斜"塔

沿着大雁塔的地面重心往上画一条垂直线，就会看到目前大雁塔的塔顶已经明显地偏离了它的地面重心，其偏离程度目前已经达到了1064毫米，也就是1米

多。

大雁塔的高度、重量在唐塔中首屈一指。再加上历史上人为与自然的损坏，大雁塔倾斜问题由来已久。据史书记载，大雁塔自清代康熙五十八年(1719年)就发现有倾斜现象。建国以来，大雁塔的倾斜速度明显加快。专家们经过14年的监测和计算发现：从1983年到1996年，大雁塔以平均每年1毫米的速度持续向西北方向

倾斜。1981年的秋天，陕西扶风县法门寺塔因大雨而倒塌。法门寺塔是佛教寺院中重要的建筑。法门寺塔的倒塌为大雁塔的保护工作敲响了警钟。

专家们经过研究后认为，导致大雁塔倾斜的主要原因有两个方面：一方面是大雁塔的自身因素。如材料结构整体性差，在历史上曾经造成一定程度的损坏，塔的基础处理不均匀以及古塔的防水、排水不畅等；另一个方面是人为造成大雁塔周围环境的破坏。如长期以来，人们在大雁塔周围随意取土打井，甚至挖虚坑和挖地道建设防空洞。特别是在大雁塔周围及附近地区，过量开采地下水，使承压水位大幅度下降，引起地面大范围的不均匀沉降，危及到大雁塔建筑，加速了大雁塔倾斜下沉。

随着西安市几项保护地下水的措施相继出台，加大引进黑河水、石头河水工程力度以解决城市缺水问题，逐步对一些自备水源分期分批进行关停以遏制西安城区地裂缝扩延和地面沉降。目前古城西安的地面沉降现象已有所缓解，大雁塔倾斜的势头也暂时得到遏制。从2002年到2004年，大雁塔的倾斜度一直稳定在1002.7毫米。

根据目前有关方面的监测数据，随

着西安市地下水位的升高，倾斜的大雁塔也正以每年1毫米的速度处在一个缓慢而逐渐扶正的过程中。专家测算，以目前的方法和速度扶正它，还需要一千多年。

但是，也有专家担忧：如果以其他人为的方法加快大雁塔的倾斜度的扶正速度，有可能造成不堪设想的后果。

总之，经过二十多年的科研保护工作，建立了大雁塔的一整套科研档案，取得了一系列科研的阶段性成果，产生了科学保护、维修、治理的原则性意见和方案，保护机构将以科研为先导，搞好大雁塔的科学保护，使之延年益寿。

四、千年小雁塔

出西安南门前行，在长安路西侧不
远，耸立着一座挺拔秀丽的砖塔，这就
是唐代保留至今的荐福寺佛塔——小雁
塔。

(一) 小雁塔的修建

小雁塔建于唐景龙年间（707—710
年），位于开化坊南面的安仁坊西北角

（今友谊西路南侧），塔园大门向北开，正好与荐福寺门隔街相望。唐末因遭兵祸破坏，荐福寺迁建于安仁坊小雁塔所在的塔院里，由此塔寺合一。塔身为密檐式方形砖结构，初建时为十五层，明嘉靖三十五年(1556年)大地震时，塔身破裂，塔顶被毁掉了两层，就成了现在的十三层。

小雁塔现高43.3米，无塔顶，1989年测定塔的总高度是43.395米，底边长11.83米。

塔身坐落在高大的方形基座上，塔座为砖方台，高3.2米，基座南北两侧有石踏步，基座南侧有清代石门坊，坊南额刻"万汇沾恩"，坊北额刻"不二法门"，基座下有地宫，为竖穴。分为2.25平方米的前室和约4平方米的后室，连接前后室的是一条高不足一米的拱券甬道，室顶为砖券的攒尖穹隆式，高约3米，室内四周和地面全用青砖铺砌。有专家认为小雁塔地宫完全是唐代的结构。

塔底层北券门外紧靠塔体的砖砌门楼，系清代后期所增建。

小雁塔塔身为青砖砌筑，没有采用柱梁、斗拱等装饰表面。塔身底层较高，二层以上逐层递减高度和宽度，愈上则愈细，整体轮廓呈自然圆和的卷刹曲线，与大雁塔风格迥异，显得格外英姿飒爽。塔身上为叠涩挑檐，塔身每层砖砌出檐，檐部叠涩砖，间以菱角牙子，塔身表面各层檐下砌斜角牙砖。

塔底层南北两面各开有一券门，门框为青石砌成。门框上布满精美的唐代线刻，尤其门楣上的天人供养图像，艺术价值很高。塔底层以上各层南北两面正中均开有半圆形券窗。第五至第十一层南北券窗两侧饰有方形"小塔"各一(现已

残缺不全)。小雁塔塔底南门入口的石质弓形门上，刻有阴文蔓草花纹和天人供养的图像，线条流畅，衣袂翩然，其风格造型明显受到西域文化的影响，具有较高的艺术欣赏价值。但因年久及保护不善，已残缺不全，模糊不清。

唐代的密檐塔多数不能登临，而小雁塔内，从底部到塔顶是一个空筒，设木构楼层及登塔楼梯(一二层楼梯为木结构，三层以上为砖梯)，可登临塔顶。

史料记载，小雁塔修造时，专请江南律宗大师道岸设计监修，曾经东渡日本弘扬佛法及唐代建筑艺术的鉴真此时正跟随道岸大师学习建筑艺术，目睹了道岸大师建造长安小雁塔的整个过程。

小雁塔的修建过程前后不到三年，修筑质量很高，讲究磨砖对缝，被誉为中国早期密檐式塔的典范，比小雁塔晚一百多年的云南大理崇圣寺的千寻塔就是仿照它来修建的。

(二) 小雁塔的历史变迁

小雁塔没有经历过大雁塔重建的波折, 一直到宋徽宗政和六年 (1116年), 才迎来了第一次大规模的整修。一位自称 "山谷迁叟" 的信士见到荐福寺塔 "风雨摧剥, 檐角垫毁", "坠砖所击, 上漏下湿, 损弊尤甚", 于是发愿修缮。此时距初建已有四百余年, 但是小雁塔的塔基、塔身和塔顶主体部位, 均保持完好, 这次

整修的仅是易受风雨剥蚀的塔檐角和塔底的"缠腰"（小雁塔底层环绕塔身修建的砖木结构的大檐棚）。这次整修用时四个月，小雁塔外貌为之一新。塔外层以"白垩土饰之，素光耀日，银色贯空"。至今小雁塔的塔身依然可见到白垩土粉刷的残迹。

在清康熙十六年（1677年）和康熙二十九年（1690年），小雁塔又经过了两次修缮，这些整修的历史都被记录在康熙三十一年（1692年）立的《重修荐福寺碑记》中，此碑现存于小雁塔。

近代以来，小雁塔与荐福寺一起经历着战火的摧残。1916年，荐福寺成为北洋驻陕西政府与靖国军的战场，受到严重损毁。1926年，军阀混战，荐福寺作为突出的战略要地，小雁塔上架设机枪以封锁敌方的进攻，三失三得，史称"小雁塔之战"，战役结束后，小雁塔塔身已是弹痕累累。

　　1938年，胡宗南以荐福寺作为他的最高指挥部，在此商讨"剿共计划"，当时人们便把胡宗南的司令部称为"小雁塔那边"。胡宗南在西安一待就是十二年，直到西安解放前三天，胡宗南才率部撤离小雁塔。在这十二年间，荐福寺作为军营，老百姓根本不能进入院内，小雁塔也进行了一些符合军事工程的改造，遭到了相当程度的破坏，胡宗南撤离后，地宫内也尽是垃圾。

（三）"神合"小雁塔

令人惊奇的是，在明代成化年间关中地震时，小雁塔发生垂直纵裂，分成两半，"自顶至足，中裂尺许"。但三十多年后，在明代正德十六年(1521年)再次地震时，裂缝在一夜之间弥合了。一位名叫王鹤的小京官回乡途中夜宿小雁塔。听了目睹过这次"神合"的堪广和尚讲的这一段奇事后，惊异万分，就把这段史料刻在小雁塔北门楣上："明成化末，长安地震，塔自顶至足，中裂尺许，明澈如窗牖，行人往往见之。正德末，地再震，塔一直如故，若有神比合之者。"明代嘉靖三十五年(1556年)，陕西又发生了震级达八级、烈度为十一度的大地震，地面的建筑遭到毁灭性的破坏，但原有裂缝的小雁塔，却巍然屹立，只是塔身正中的裂缝又裂开了。小雁塔在建成至今的1300年中，共经历了七十多次地震，曾经"四裂三合"，古人认为这是"神合之力"，民间也流传着"动乱之年塔裂开，大治之年塔缝合"之说。

近年来，通过多方面的研究，对塔的裂合之迹已有比较一致的看法。

一般而言，现存砖石古塔的抗震性能是良好的，这主要是由于其结构方面具有如下优势决定的：第一，塔址选择好，地基处理坚固。砖石古塔是占代主要高层建筑，一般高度可达50—60米以上，加之砖石的容重较大，其对地基的作用是很大的，故坚固的地基基础是古塔千百年竖立不倒的必要保证。调查说明,凡现存古塔未有倒塌历史的,其场地条件和地基处理都是良好的。小雁塔重心高,基底小,塔基用夯土筑成一个船形基础,受害后应力均匀分散,就像不倒翁原理一样,不管什么方向震动,总不致坍塌。第二,体形规则有节律。砖石古塔大多是方形、多角形或圆形,平面规则对称。从立面看,无论是密檐式抑或是阁楼式,塔身截面多采用由下而上逐层递减的收分技术,塔身呈自然缓和的锥体形,这不仅从视觉上给人以挺秀柔和的感觉,而且从结构上增加了建筑物的稳定性。砖石古塔这种规则而稳定的结构特点不仅可减少地震的扭转效应,而且层间抗力与地震剪力相协调,避免了中下部形成薄弱层的不利情

况。第三，整体性能良好。砖石古塔由于外形的复杂性，形成结构体系的多样性，但其墙壁较厚，部分还具备较强的楼层约束，这种结构体系类似于现代高层建筑中的筒体结构，具有良好的抗震能力。

党和政府十分重视保护文物古迹，成立了小雁塔保管所。1965年，本着"修旧如旧"的原则，又对小雁塔进行了重大整修，恢复了塔的基座范围，修复了塔身南北券洞，弥合了裂缝，加固了塔檐、塔角，增装了楼板扶梯，适当处理了塔顶和排水设备，安装了避雷针，依据清代荐福寺殿堂图将塔基座适当放大并在二、五、七、九、十一等层各加了一道铁箍，在彻底结束了小雁塔"神合"历史的同时，也保持了小雁塔古朴的风貌和秀丽的身姿，使其唐风依旧而青春焕发。

（四）雁塔晨钟

雁塔晨钟，最早被清代文人朱集义誉为"关中八景"之一："噌吰初破晓来霜，落月迟迟满大荒。枕上一声残梦醒，千秋胜迹总苍茫。"朱集义的这首诗描绘了钟声的洪亮，雁塔的巍峨。

荐福寺内这口金代大铁钟是金章宗明昌三年（1192年）铸造的，钟通高3.55米，至肩顶部高3米整，钮为蒲牢（神兽），高55厘米，口径2.45米，口沿周长7.65米，重约8000公斤。钟表铸字成六

格方款，有阳文共计1000多字。首款铸有"皇帝万岁，臣佐千秋，国泰民安，法轮常转"16字。2008年，陕西著名书法家赵步唐题下"雁塔晨钟"，做成了金字黑匾，悬挂于小雁塔南面的钟楼上。

关中八景中，雁塔晨钟是唯一以声音而取胜的一景。雁塔大钟铸于金明昌三年（1192年），原是悬挂于武功崇教寺内的一口梵钟，后因渭河改道，寺庙冲毁，钟也失落到了水中。清代康熙年间，有一位村妇在河边捶打衣服时听到河底发出震鸣声，赶忙报告官府，发现居然是一口巨大的铁钟，这口钟重8000公斤，高3.55米、口沿直径2.45米，康熙皇帝命人把这口钟放置于荐福寺中，从此，小雁塔的钟声连绵不断，每天清晨荐福寺寺内的僧人会定时敲钟，清脆悠扬的钟声响彻西安古城上空，数十里内都可听到。钟声清亮，塔影秀丽，在古城中别有一番韵味。清亮的钟声从塔院深处传来，把人带到悠远的境地。但是，"雁塔钟声"的源头并非清代康熙年间重修塔寺偶得铁钟之后，早在唐代小雁塔建成时，便有此声此景了。传说当年义净释经为早起礼佛、译经，向寺中住持建议"每日清晨击钟"。

民国时期，此钟被"某军驻寺时毁裂"，使"雁塔晨钟"绝响多年。1993年西安市小雁塔文管所主持焊修了裂痕。1998年又重新铸了一口新钟供游人敲击。

雁塔晨钟又被称为神钟，清朝末年，有一位妇女来小雁塔所在的荐福寺求香拜佛，她的丈夫戍守边疆多年未归，杳无音信生死未卜，方丈让她把心愿写于黄表纸上，将其作法后贴于大钟上，然后命这名妇女击钟，三日之后她的丈夫果真

回到家中。消息传开，远近的人们都来祈福敲钟，神钟之名便由此而来。当文物工作者对钟实施保护处理时，看到钟上下贴满了一层一层的黄表纸，文物工作者的心中充满了感慨，可以想见过去是怎样一个战乱频仍、民不聊生的岁月。

2007年1月1日零时，"雁塔晨钟"再次响彻西安。十三声钟声之后，小雁塔迎来了它的1300岁喜诞。这十三声钟声是由西安市文物局从十三个有代表性行业中选出的十三位代表共同持杵敲响的，钟鸣十三下象征小雁塔走过的1300个风雨春秋。

五、雁塔题名

　　"雁塔题名"是古代文人一种令人向往的习俗。这一习俗最早起始于唐代。唐代科举制度发展日趋完善。每年新科进士燕集曲江进行宴庆，官方便在曲江池西侧杏园设宴欢庆，故称杏园宴。唐中宗神龙后，杏园宴罢，这些进士又齐集慈恩寺塔下进行题名活动，称为"雁塔题名"。后人将"雁塔题名"称为"天地间第一流人第一等事"。明清两代，武举人也

加入到了"雁塔题名"的行列中，不过是在小雁塔刻石留名，以示与文举人的区别。此后"文题大雁塔，武题小雁塔"逐渐成为惯例。

(一) 文题大雁塔

科举制是中国两千年封建体制下的一大创举，让平民出身的学子也有机会封侯拜相，为国家建功立业。这项创举始于隋代，至唐代被大力发展和完善。按照唐朝的科举制度，每年都会在京城长安（有时在东都洛阳）设科取士，其考生来源，一个是生徒，一个是乡贡。京师及州县学

馆出身，送往尚书省受试者叫生徒；而先经州县考试，及第后再送尚书省应试者叫乡贡；由乡贡入京应试者通称举人。每年，全国参加进士的考生数在一千多人。据史料记载，在唐代289年中，共录取进士6427名，明经1850名，平均每年在一千多名考生中，只录取几十名进士、明经，远远低于现在的高考录取比率。

在进士与明经中，又以进士为最，明经科主要是考儒家经典，比较容易；而进士科是考查诗词歌赋，政治见解，比较难。所以有"三十老明经，五十少进士"的说法。也正因为如此，平时饱读圣贤之书的文人雅士们，在高中进士后的狂喜骄傲与得意忘形也就可以理解了。曾写下流传千古的"慈母手中线，游子身上衣"的孟郊46岁高中进士、雁塔题名后写下"昔日龌龊不足夸，今朝放荡思无涯。春风得意马蹄疾，一日看尽长安花"，就是这种狂喜状态的真实记录。即使是大诗

人白居易也不能免俗，27岁金榜题名后，留下"慈恩塔下题名处，十七人中最少年"的佳句，一代文豪少年得志的意气风发跃然纸上，流传千古。

进士及第后，学子们可以进行一系列的文化娱乐活动进行庆祝，依次是：曲江赐宴、杏林宴饮和雁塔题名。

曲水流饮出现于东晋，盛于唐，延续于宋，影响至现代。曲水流饮是将酒杯置于水中，水流杯动，杯流至谁前则罚谁饮酒作诗，由众人对诗进行评比。在唐代，曲江赐宴已经演变为皇帝主持、百官参与、万民敬仰的盛大聚会。曲江宴之后就是杏园宴。杏园在曲江以西，位于朱雀街东靠近城南的通善坊，北临慈恩寺。此地广植杏林，春来一片粉白，是长安著名游览地。杏园宴是新进士自己举行的同年之间的联谊性、娱乐性的宴会，又带有谢师的意思。

在一系列的庆祝活动中，作为压轴大戏，雁塔题名无疑是最为重要的一项，因为这是跃登龙门的象征。学子们题名题下的不仅是荣耀，更是十年寒窗的辛劳和骄傲。

诗人刘沧曾豪迈地写过四句诗："及第新春选胜游，杏园初宴曲江头。紫毫粉壁题仙籍，柳色箫声拂御楼。"把雁塔题名与登仙并提了，由此可见雁塔题名在进士们心中无可比拟的尊崇地位。

雁塔题名始于唐中期，但究竟始于何时何人，史料上记载并不翔实，有说始于韦肇，有说始于张莒。

据小雁塔荐福寺内收存的康熙二十六年（1687年）《题名记》碑记载，韦肇是第一个在慈恩寺内大雁塔之壁题名的人，当时周围的人都很羡慕，于是口耳相传形成一种习俗。但唐韦绚的《刘宾客嘉话录》中是这样记载的，慈恩寺内雁塔

题名，始于张莒，他本是到寺内闲游的，随意将与其同年及第的进士们的名字题在了雁塔塔壁上，后来就成了一种习俗。据考证，韦肇本人为唐肃宗至代宗朝的及第进士，而张莒是大历九年（774年）的进士，从所处年代来说，韦肇早于张莒。

清人徐松《登科记考》中也对这一习俗进行了详尽的介绍："杏园宴后，皆于慈恩寺塔下题名，同年中推善书者纪之。他时有将相，则朱书之。及第后知闻，或遇未及第时题名处，则为添'前'字，故昔人有诗云，'曾题名处添前字，送出城人乞旧诗'。"

新科进士们集体来到大雁塔下，推举善书者将他们的姓名、籍贯和及第时间用墨笔题在塔壁上，如果以后有人升为卿相，还要把姓名改为朱笔书写，并在题名前加个"前"字，意为前进士。

最初进士们都将名字题在塔壁上，但塔壁毕竟有限，后来就将题名扩及到慈恩寺内塔院四壁，以致发展到后来寺内有间房子，四周墙壁密密麻麻都被进士题满了。乾宁进士徐夤也在他的一首名为《塔院小屋四壁皆是卿相题名因成四韵》诗中吟道："雁塔搀空映九衢，每看华宇每踟蹰。题名尽是台衡迹，满壁堪为宰辅图。鸾凤岂巢荆棘树，虬龙多蛰帝王都。"道出了当时雁塔题名之盛。据史料分析，仅在唐代的八千余名及第进士中，约有五六千名及第者题名于雁塔。遗憾的是，当时的盛况今人已经无缘得见，在天灾与人祸之下，塔内的唐代题名碑和题名墨迹已经尽数毁坏。

宋人樊察在其《慈恩雁塔题名序》一书中，根据《新唐书·选举志》写道：会昌（841—846年）中，宰相李德裕"自以不由科第"，故"深贬进士，始罢宴集"，且将"向之题名削除殆尽"。也就是说，唐武宗时的宰相李德裕不是进士出身，故

深忌进士，下令取消了曲江宴饮，并让人将新科进士的题名也全数除去了。再加上五代战乱，寺已毁，塔独存，唐人题名在修葺中亦被涂抹遮盖。而到了北宋神宗年间，大雁塔发生一场火灾，塔内楼梯全部烧毁，这些唐代进士的题壁也因之消失。

雁塔题名活动虽然延续一千多年，而进士题名仅仅延续到唐朝末年。长安失去国都地位后，随着政治中心的东移，题名者身份有了变化。题名者主要不再是进士，而成为乡试中榜者了。形式也变了，即不是在塔内题名，而是将题名刻石竖碑，罗立于塔下。在大雁塔下正南一进门的墙壁上有一块明嘉靖十九年陕西乡试题名碑，第一句碑文就是："名题雁塔，天地间第一流人第一等事也。"

以后历代及第进士也仍在京城进行进士题名，这些都是"雁塔题名"的仿效和延续。例如现在北京孔庙的大成门及先师门两侧，分别立有元、明、清三个朝代的进士题名碑，共198通，其中元代3通，明代77通，清代118通。而南京国学也有若干明代进士题名碑。此外，广东的著名侨乡——潮州也有个西湖雁塔，也是沿袭雁塔题名之故事，仿慈恩寺雁塔而造于湖山之上，可说是慈恩寺雁塔之缩微，成为潮郡十三县科举时代学子向往之处，今塔下偏南岩石上尚存十六人的"皇明嘉靖乙卯科题名"石刻，而"雁塔题名"也是古雷阳八景之一。

（二）武题小雁塔

2008年6月，小雁塔荐福寺"灰坑"清理发掘完毕，又一批珍贵文物相继出土，尤其是一块残碑的出现为荐福寺的

历史带来更加确凿的佐证。专家喜赞："真是盛世文物兴！"

这块残碑即"雁塔题名碑"，颇具研究价值。此碑周边雕饰有蔓草花纹，虽然残缺不全，但上面刻着"西闱中试举人三十名……孙振策肃州人、宋文靖远人、沈之渐宁夏人、方旗彪宁夏人、张斌甘州人、白毓贤镇番人"等清晰字迹。专家介绍，唐代中进士后都要在大雁塔刻碑题名，以后成为惯例。从明代起，武举中榜开始在荐福寺刻碑题名。这块残碑极有可能是明清时代武举子中举后的"雁塔题名碑"，碑中所留名的举人应不是陕籍人。

荐福寺的这块残碑，更正了长久以来人们认为"雁塔题名"指的是大雁塔这一错误观念。据吕乐山介绍：明清两代，因为在大小雁塔仿效唐人题名于塔壁，颇具唐风遗韵，后来逐渐演变为"文题大雁塔，武题小雁塔"的格局。

据悉，科举武试开创于武则天时期，著名的大将郭子仪就是武举出身。而武举人步唐代雁塔遗风，在小雁塔刻石留名却始于明代。陕西师范大学博士史红帅撰文指出：现存荐福寺中的一通刻立于乾隆六年（1741年）的《陕甘乡试题名碑记》中就记述了来自今甘肃、青海、宁夏、陕西等省区的考生姓名；而道光二年（1822年）陕西盩厔人路德所撰《道光壬午科陕甘乡试题名碑记》中记载了不仅包括陕南、陕北和关中各县，还有今甘肃境内的兰州府、巩昌府、张掖县、武威县、陇西县、凉州府、狄道州等，以及今宁夏境内的宁夏府、中卫县等地的考生。这些都是研究我国明清时期的武举制度的重要史料。

（三）雁塔诗会

大雁塔并非只是进士们题写荣耀的场所，也是这些才子们以诗会友、抒发才情的灿烂舞台。后来这阵诗歌的清风吹入皇家，唐中宗时，每年九月九重阳节，皇帝都要亲临慈恩寺道场，登高赏秋，和随行官员一起赋诗抒怀。最终，"雁塔诗会"成为一个独立于雁塔题名的文化活动。

唐朝是诗歌的国度，历史上有记载的"雁塔诗会"也不在少数，但诗作的质量由于参与诗人的水平而参差不齐，其中，最为熠熠生辉的无疑就是天宝十一年（752年）那场文坛盛事。

唐玄宗天宝十一载的一个秋日，高适、薛据、杜甫、岑参、储光羲等五位诗人一起登上了长安城东南的大雁塔眺望长安的秋景。五位诗人兴致大发，各赋诗作一首。这五位诗人都是一时之俊杰，杜甫、高适、岑参三人名垂千古，毋庸赘述。储光羲和薛据在当时的诗名也很大，五位大诗人联袂成就了一段被后代文人无限追慕的文坛佳话，九百年之后，王士禛还不胜景仰地说："每思高、岑、杜辈同登慈恩塔，李、杜辈同登吹台，一时大敌旗鼓相当。恨不厕身其间，为执鞭弭之役。"

除了薛据的诗作失传，其他四首诗都完整地保存下来。如前所述，悬挂于大雁塔六层，供人欣赏。现完整抄录于下：

与高适薛据登慈恩寺浮屠 岑参

塔势如涌出，孤高耸天宫。登临出世界，磴道盘虚空。突兀压神州，峥嵘如鬼工。四角碍白日，七层摩苍穹。下窥指高鸟,俯听闻惊风。连山若波涛,奔凑如朝东。青槐夹驰道,宫馆何玲珑。秋色从西来,苍然满关中。五陵北原上,万古青蒙蒙。净理了可悟,胜因夙所宗。誓将挂冠去,觉道资无穷。

同诸公登慈恩寺塔 储光羲

金祠起真宇,直上青云垂。地静我亦闲,登之清秋时。苍芜宜春苑,片碧昆明池。谁道天汉高,逍遥方在兹。虚形宾太极,携手行翠微。雷雨傍杳冥,鬼神中蹴跐。灵变在倏忽,莫能穷天涯。冠上闻阊阖开,履下鸿雁飞。宫室低逦迤,群山小参差。俯仰宇宙空,庶随了义归。崱屴非大厦,久居亦以危。

同诸公登慈恩寺塔 高适

香界泯群有,浮屠岂诸相?登临骇孤高,披拂欣大壮。言是羽翼生,迥出虚空上。顿疑身世别,乃觉形神王。宫阙皆户前,山河尽檐向。秋风昨夜至,秦塞多清旷。千里何苍苍,五陵郁相望。盛时惭阮

步，末宦知周防。输效独无因，斯焉可游放。

同诸公登慈恩寺塔 杜甫

高标跨苍穹，烈风无时休。自非旷士怀，登兹翻百忧。方知象教力，足可追冥搜。仰穿龙蛇窟，始出枝撑幽。七星在北户，河汉声西流。羲和鞭白日，少昊行清秋。秦山忽破碎，泾渭不可求。俯视但一气，焉能辨皇州？回首叫虞舜，苍梧云正愁。惜哉瑶池饮，日晏昆仑丘。黄鹄去不息，哀鸣何所投？君看随阳雁，各有稻粱谋。

虽然大环境是五位诗人共有的，但由于各人生活经历和性格的差异，诗作的内容和意境还是有很大差别的。

岑参和储光羲的诗有一个共同的特点，它们的重点在于写一个佛寺中的浮屠，把登塔时所看到的景物与佛家教义紧密地联系在一起。岑诗结尾云："净理了可悟，胜因夙所宗。誓将挂冠去，觉道

资无穷。"虽也隐约地表示了对现实的不满，但毕竟是要逃到佛家净域中去。储诗结尾云："俯仰宇宙空，庶随了义归。崷屼非大厦，久居亦以危。"更是认为世间万物皆为虚无，只有佛家的"了义"才是最后的归宿。所以说，岑、储二人用很大的力量、很多的篇幅来描写浮屠之高耸与景物之广远，都是为了象征或衬托佛家教义之高与法力之大。岑参其时36岁，他虽然在天宝三年（744年）就已进士及第，但仅得到一个兵曹参军的微职。天宝八年（749年），赴安西入高仙芝幕。虽说塞外雄浑奇丽的自然风光和紧张豪壮的军中生活对他的诗歌创作大有裨益，但诗人在仕途上并不得意。天宝十年（751年）秋高仙芝兵败回朝，岑参也随之回到长安闲居。储光羲那年46岁，正任监察御史之职，但也有不得志之感。两首诗作均流露出心中的一股抑郁之气，所以传达出一种皈依佛门、逃避现实的消极情绪。

高适的诗则与之不同。高适是很有用世之志的，高诗中虽然也有"香界泯群有，浮屠岂诸相"之类句子，但毕竟不是全篇讨论佛教教义，特别是结尾四句："盛时惭阮步，末宦知周防。输效独无因，斯焉可游放。"说明诗人在登临佛寺浮屠时并没有忘记要为国家效劳。这无疑要比岑、储两人的态度积极得多。但是，高适着眼的只是他个人的前途，当时的社会现实并没有在其诗中留下痕迹。

在四首诗作中，艺术价值最高的无疑是杜甫这首诗。诗作不仅描写了塔的自然景色，更重要的是诗人已预感到社会的动荡不安，危机可能随时爆发。他怀念唐太宗时的贞观之治，也婉转地批评了唐玄宗耽于享乐不理朝政的荒唐生活。

所以，当四位诗人登上大雁塔举目远眺时，站在同样高度的七级浮屠之上，可是对于观察社会现象来说，杜甫却独自站在一个迥然挺出的高度上。这样，岑

参、储光羲所看到的是佛寺浮屠的崇丽，所感到的是佛教义理的精微，高适感到的则是个人命运的蹭蹬。而杜甫除了高塔远景之外还看到了盛世景象下国家风雨凄迷的未来，这正是杜甫的独特之处。

(四) 雁塔题名的当代延续

为恢复中断百年的"雁塔题名"历史传统，并赋予它全新的含义，借以汇集当代书画瑰宝，大雁塔保管所曾于1991年8月开始，在塔前设案备纸供游人挥毫抒怀。此举得到社会各界的认可和支持。雁塔题名作品选集编委会于1992年6月，从

征集到的书画中，编辑成《雁塔题名作品选集》第一集出版，陕西师范大学教授霍松林为之作序。而后，又在全国范围内征集书画名家，于1999年推出了《雁塔题名作品选集》（第二集），汇集了书法、篆刻、楹联等优秀作品三百余幅，并首次向读者展现了三十余幅体现唐、宋至清历代珍贵的题名碑拓，编辑成集。2007年还在上海著名的豫园举行了雁塔题名书画精品展，受到当地观众和书法爱好者的热烈欢迎。

昔日盛唐学子高中而雁塔题名，这对今人又有着怎样的文化意义呢？西北大学文学院李浩教授在接受记者采访时说道："建筑是凝固的音乐，大雁塔作为古城西安的象征性建筑之一，有着特殊的意义。作为玄奘法师译经和藏经之处，它是宗教文化、佛事文化的代表，但因为雁塔题名，它又被赋予了世俗文化、教育文化的

内涵。学子们高中进士，本来通过发榜就完成了传播，但雁塔题名是这种传播的延续。现在看来还具有一定的表演意味，因为他们在集会后题名，必然吸引很多人来参与，成为当时的特色景观，并具有相当的文化内容。今天我们解读'雁塔题名'，可以多视角、多方位来看，可以通过科举、教育、公务员任用、公共管理等各方面来看。文化是一种传统，而传统是一种积淀，今人也应该继承雁塔题名这一雅举。"如今的大雁塔是文物，当然不可能在其上题名，李浩教授说："仿效唐人雁塔题名，不是要今人去雁塔塔壁上涂鸦。我们可以结合现代的形式，比如立块碑，让人们用清水在上面写下自己的名字；也可以让游客在宣纸上写下题名的相关内容；还可以建立虚拟空间，在网络上雁塔题名；甚至可以组织高考状元们挥毫抒怀。我想这不但可以满足今人雁塔题名的愿望，也是一种不错的文化推销。"

六、大雁塔与小雁塔的当代保护与开发

经过历朝历代的变迁与时间的打
磨,大小雁塔在外观上几经风雨,但是更
为深刻的转变来自于二者的文化功能。
在唐代,大、小雁塔作为佛教的符号而存
在,对外开放供公众进行佛事活动,朝
拜活动及礼佛仪式成为一种社会普遍行
为,而今天的大、小雁塔与佛事活动已无
密切关系,其宗教性质逐渐丧失,公众的
城市生活与佛寺空间脱离,与佛教文化、

宗教文化疏远。在这种情况下，如何展现大、小雁塔的文化教育功能，如何使投射于大、小雁塔的民族文化历史服务于新时代的发展，如何让名胜古迹为现代经济发展架接桥梁，便成为摆在我们眼前的一个重要课题。

在众多的名胜古迹商业开发的案例中，既有经济发展与古迹保护相得益彰的双赢案例，也有因为"过度开发"而使古迹受损遭难的反面教材。商业开发和古迹保护就像一个难解的结，如果资金的投入不够，古迹就不能得到很好的维护，就会无人重视而逐渐破败；如果进行过度的商业开发，又会使古迹丧失其本身的特点，古迹身上所蕴涵的历史与文化会被所谓的现代文明所破坏。最有效的平衡措施应是对于古迹加强保护而不是开发。而在其周围最近的城市区域进行商业化的运作与包装。在这一点上，大、小雁塔及其周围区域的开发堪称典范。

（一）大雁塔广场

大雁塔是西安的标志，也是西安人民的骄傲。随着建西部经济强省这一战略目标的提出，从2003年开始，西安市对大雁塔周边进行了大规模的改造工程，在短短的一年之内，以大雁塔为中心、占地近1000亩的大雁塔广场应运而生。包括北广场、南广场、雁塔东苑、西苑、南苑、步行街和商贸区等在内的多个子广场将大雁塔环抱在中心。

设计者在广场景观设计中本着重现长安历史风貌，再造大唐盛世文化的态度，以大雁塔为核心，以盛唐文化、佛教文化、丝路文化为主轴，尽可能尊重和展现古代长安城的历史，本着继承、发展、保护历史文脉的设计方针，并以唐长安城的规划原则和建筑风格为基调进行了设计。

广场整体设计概念上以突出大雁塔慈恩寺及唐文化为主轴，结合了传统与现代元素构成。大雁塔北广场的设计者认为当时的长安城是世界上最大的城市，同时也是东方的政治、文化中心，盛世空前，它规模宏伟，秩序鲜明。设计对古代城市骨骼——"里坊"进行了再现，借用了唐代里坊的概念，以27米×27米为基本单位将中心水池的东西两侧皆划分为南北9行、东西2列，共36个单位空间。每个单位空间象征1个"里坊"单位。首先，设计者将其中的8个单位设计为小主题广场，还设置了主题鲜明的唐诗人物雕塑，雕塑设计采用逼真写实的雕塑手法分别对8位大唐文化的精英人物进行了生动

的刻画,栩栩如生。其次,设计者在其余24个单位空间布置排列规整的树木,并配置坐椅,创造出供游人交往、休憩的空间。空间秩序上再现了唐长安城的中央南北轴线,由南向北逐次为外城郭→皇城→宫城,体现着外来朝拜者逐渐迈向高潮空间的礼仪秩序。最后,设计者在广场设计上利用了由北向南逐渐升高的地形,同时还寓意着从世俗世界到佛教世界的过渡。

在设计者的设计当中极力将大雁塔广场设计结合传统与现代设计手法,以营造大唐文化恢弘大气以及大乘佛教佛光普照大众的精神为主旨,南北高差为9米,分成9级,9为阳数之极,以此传统的象征手法反映了大雁塔重要的历史地位,烘托着逐步走向高潮的空间气氛。通过贯穿东西宽162米的台阶将北广场的中心水池和两侧的小广场连为一体,展示了对长安城街道尺度的再现,唐长安城的

中央朱雀大道宽150米，巨大的尺度反映着繁荣富强的盛世帝都的宏伟气魄，因此这样的设计是设计者对盛唐街道宏伟尺度的再现。

在景观设计上，设计者最大程度地还原了古人对大雁塔的"真情实感"。"塔势如涌出，孤高耸天宫。"这是唐代诗人岑参的名诗《与高适薛据登慈恩寺浮屠》的首联。大雁塔北广场的设计者正是以再现诗人想象中的景观为出发点，以贯穿大雁塔和北广场南北的轴线为中心，在北广场设计了一条南北向长形水池，倒影烘托出大雁塔伟岸的身姿。天水相接，大雁塔如同从水中涌出。塔影相接，延伸了无边无止的天地空间。

整个广场到处体现着浓浓的唐代元素。北广场有四座石质牌坊，它们既是广场景观的标引物，又是北广场的招牌和景观。四座牌坊均用白麻石材贴面，形成中间高两边低的三门样式，呈现出平衡、

稳定、简洁、大气的特点。牌坊题词用唐
人崇尚的字体书写；中间大匾额用颜真
卿楷书大字，大气磅礴；两边上下联匾额
题词用王羲之、
王献之行书字体，
典雅生动。两个高9米的万佛灯塔与
大雁塔遥相呼应，两侧四个6米高的大
唐文化列柱，塔之间是长5米，宽4.3米的
铸铜书，介绍了大唐的盛世景象。

　　汉白玉的梯道栏杆、白墙、灰瓦、朱
红色的仿木柱、写有唐代著名诗词的工
艺灯等建筑群组成了一幅美妙绝伦带有
古建风味的图画，和正前方的大雁塔遥
相呼应。广场两侧的建筑以大雁塔和雁
塔路的连线为中轴对称，在颜色上以古
代皇家特有的朱红和白色为主，灰色的
混凝土柱廊在朱漆的装饰下尽显大唐盛
世的繁荣景象。这些建筑开间、进深、高
度一致整齐地排列在广场两侧，高度均
低于大雁塔，在整个竖向设计中充分显

示了大雁塔的庄严，突出了整个广场的主题。所有的历史符号都在提醒身处其中的人们，这里曾经拥有的繁华和辉煌，让人们自然而然地体味到一种超越时空的历史感和浓郁的人文氛围。

早在8世纪的古希腊时期，城市广场就是人们进行交往、观赏、游玩、休憩等活动的重要场所，是展示城市生活模式与社会文化内涵的一个舞台。进入现代，建筑学家凯文·林奇对城市广场的功能又提出了新的理解。在其《城市的印象》中，他认为构成城市图像的基本要素为：道路、区域、边缘、节点和标志。城市中的广场是城市空间体系的重要节点，既是城市道路的间断、延续或转折，也是城市空间的结合点或控制点。以大雁塔广场作为西安市中的一个节点，给城市提供了一个可以"透气"的空间，使城市得以"呼吸"。使磅礴的盛唐气势在

整个广场的设计中得以浓缩和升华，唐代元素在设计中的巧妙运用和广场的主题——大雁塔相得益彰，展现了一幅历史再现般的完美画卷。

（二）以小雁塔为核心的西安博物院

如果说广场是对大雁塔进行整体开发的核心概念，那么，博物馆便成为小雁塔整体开发的重要载体。经多方酝酿，在以小雁塔为核心的基础上，西安于1996年提出了以小雁塔为标志的寺庙建筑群、博物馆、公园三位一体的西安博物院总体规划设计方案。这一先进的博物馆概念即"一座集名胜古迹观光、历史文物鉴赏、城市公园休闲于一体的,以园养馆的现代大型博物院"立刻在社会各界引起了轰动,堪称古都文物保护前所未有的创举。

近年来,广大民众的生活水平发生了翻天覆地的变化,闲暇时间的活动方式亦逐渐增多。博物馆作为文化遗产的传承机构,在今天丰富的社会文化生活中发挥出越来越重要的作用,扮演着越来

越突出的角色,甚至成为一个地区、一座城市文化建设、发展水平的形象代表,同时也是公众文化消费和休闲娱乐的首要选择。如今的博物馆和文化遗产地不应该仅仅是文物收藏的中心,而应

成为文化教育与展示的中心, 同时也应该成为让人们流连忘返的地方。在某种意义上讲, "博物院"的设计概念是"博物馆"的含义在新的历史时期、特定的历史场合下的延伸和发展。也可以说, "博物院"的概念意味着博物馆这种城市要素在未来的城市中将承担更多的责任。当然, "博物馆"概念的拓展是一个不断发展的过程, 因此西安市博物院伴随着城市的发展在未来亦有无限的发展可能性与发展空间。

在设计理念上, 小雁塔、博物馆和城市公园承担了不同的文化功能, 又互为映照, 成为既外在独立又内在统一的城市文化景观。

小雁塔作为西安重要的历史地标是构

成西安城市景观的历史要素之一，丰富了城市轮廓线的同时也使城市景观具有深厚的文化底蕴，传递了更多关于这座城市的历史文化信息。

西安市博物馆是以展示西安城市发展史为主要目的的综合性博物馆，在建筑形式上继承了中国传统祭祀建筑——明堂的样式，以便与小雁塔历史建筑群形成和谐统一的风貌，但是其内在结构与功能却是现代的与先进的，成了该街区甚至整个西安独一无二的现代地标。而以小雁塔为核心的寺庙古建筑群，体现了中国传统建筑的格局、中国佛寺建筑的构成及中国传统文化与外来文化的融合。因此其群体本身便是西安市博物院中重要的景观要素，也是博物院有别于其他博物馆的独一无二的展品。

名胜古迹之所以能成为历史

文化的映射，除去历史建筑，还应该拥有大量名木古树、碑石、雕刻等共同构成的景观要素。这些种类繁多、年代悠久、层层叠叠相互掩映的景观要素形成了幽静、神秘的环境景观。若没有这些要素，小雁塔整体环境的氛围定会黯然失色，因此如何保护这些环境景观要素，使其更好地衬托出建筑群落的整体

感，营造出更加真实的历史氛围，应该在未来的规划设计中予以更多的考虑。此外，现代化的博物馆如何与古老的人文景观和谐对接而不显突兀，也是一个棘手的课题。于是，城市公园便应运而生。

城市公园的设计是旨在通过树木、水面等软环境弱化古建筑群与现代博物馆的冲突，并试图将古与今、传统与现代进行超时空的联系。所以该公园景观最

大限度地拉开了历史建筑与文物建筑的距离，同时又将两者的内在联系潜藏其中，在城市的尺度上形成了传统与现代的对话。该公园的景观设计采用了大面积的水要素，因为水是流动的、透明的、可映射的。水可将历史建筑与现代建筑融合在一个场景和主题下；水也可将硬朗的建筑轮廓柔化了，在微风的吹拂下流动其中；水还可将自己当做一面镜子，通过无数的折射与反射映衬出古与今的变迁、传统与现代的转化。

除了作为西安博物院的一部分发挥其文化功能外，小雁塔还抓住一切机遇，挖掘自身的历史文化资源与现实生活对话，扩大小雁塔的影响力。

逛庙会，是一项根植在西安人骨子里的传统。远在唐代，庙会就已成为长安人的娱乐休闲方式。唐朝是一个民族大融合的时代，那时，少数民族喜好娱乐的生活方式逐渐渗入到汉人的生活中，所以，

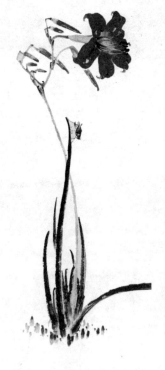

一向庄重肃穆的祭祀、祭拜活动中，也被加进了娱乐的成分，人们从"娱神"逐渐走向了"娱人"，而且，唐代长安城商业的发达也使庙会的商业味道逐渐变浓。于是，从唐代开始，庙会祈福、娱乐、商业的特点便基本齐全了，后世便将这种独具中国特色的庙会形式延续下来。

长安城一百一十坊，几乎每个坊里都有寺庙，而每个寺庙又都有自己的庙会日。当时的荐福寺就是唐代非常有名的戏场。从建成之初起，寺院便有了庙会，长安的百姓们常来此祈福，因为荐福寺靠近皇城，附近有许多高官显贵的宅邸，所以，许多富贵人家也常来荐福寺感受庙会的热闹和喜庆。每到庙会时，寺内一派庄严法会的景象，而寺外则往往是歌舞升平、热闹非凡，各种曲艺、杂耍以及小吃集聚寺外，游人更是摩肩接踵，无以计数。

自此之后，传统庙会的热闹延续了一千多年，但因为辛亥革命前这里沦为战场，随后是半个世纪的纷飞战火，这一传统而历史悠远的庙会一度销声匿迹。

2009年起，西安首度恢复了中断近百年的小雁塔传统文化庙会活动。从腊月二十八到正月十五，小雁塔庙会从每日早9点到晚间9点，超长时间"待机"，白天逛庙会，晚上游灯会，精彩活动轮番上演，层出不穷。

小雁塔庙会的主题活动是"雁塔祈福"，其中包括了祈福墙题字、放祈福灯、挂祈福结等一系列活动，主题设计的主旨在于希望通过对传统的"重播"，让这一昔日的皇家献福寺院，变成今朝老百姓祈福之所。

除去还原"雁塔祈福"的传统，小雁塔庙会也被打造成年味十足的民俗盛宴。在庙会上，剪纸、户县农民画、面花、凤翔泥塑、凤翔木版年画、马勺脸谱、华县皮影、关中老腔、陕北唢呐、提线木偶、飞车走壁、上刀山、变脸等民间绝活应有尽有。如果只用眼睛"逛庙会"还不过瘾，和老艺人们学艺、亲手制作民俗用品，或者到娱乐活动体验区玩玩童年游戏，重新体验滚铁环、踢毽子、跳大绳、斗鸡、抖空竹的乐趣，也是其乐无穷。

只有在人们真正认识到、感受到，并参与到小雁塔的历史环境中，不断创造小雁塔与社会公众的接触、交流机会，才能对小雁塔整体环境的发展有更多的历史认知，才能发挥荐福寺小雁塔的历史价值。在这一方面，作为西安古老历史文化遗产的小雁塔，其科学的保护与管理模式，先进的保护与利用理念，无疑将会对西安的历史文化遗产保护、城市文化建设起到积极的示范作用。